CHRISTINE,

REINE DE SUEDE,

TRAGÉDIE EN TROIS ACTES;

Par L. B. D. R. S. C.

PARIS,

De l'Imprimerie de HOCQUET, rue du Faubourg Montmartre, n°. 4.

1816.

PERSONNAGES.

CHRISTINE, reine de Suède.

Le duc de VEIMAR, jeune prince détrôné par les guerres de Gustave-Adolphe.

Le comte MONALDESCHI, chancelier de Christine, jadis son écuyer.

TRISTAN, l'un des chambellans de Christine.

OXENSTIERN, président du sénat de Stokolm.

Membres du sénat de Stokolm.

Un constable.

Officiers de Christine.

Gardes et Suédois.

La scène est à Fontainebleau, dans le salon qui précède la galerie des cerfs.

CHRISTINE,

REINE DE SUÈDE,

Tragédie en trois Actes.

ACTE PREMIER.

*Le Théâtre représente une salle du Palais de Fontainebleau.
On voit en face la porte de la galerie des cerfs.*

SCÈNE PREMIÈRE.

TRISTAN, MONALDESCHI.

TRISTAN.

Comte Monaldeschi! le sénat Scandinave
Rappelle en ses états la fille de Gustave;
Mais Christine, abdiquant le trône de Vasa,
Fuit trop les fers dorés que son cœur méprisa,
Et Reine d'elle-même, à son sixième lustre,
Fière d'avoir scellé d'un nom sitôt illustre,
Le traité de Westphalie et cent exploits divers,
Se démentirait-elle aux yeux de l'univers?
Je ne puis le penser; quelle est votre espérance?

MONALDESCHI.

Je vous l'ai dit; envain la Reine voit en France
(*Montrant le Palais de Fontainebleau.*)
Dans le palais des rois, l'éclat qu'elle a perdu!
Moi-même au plus haut rang je me verrais rendu
Si, de son successeur, épousant la querelle,
Je maintenais Christine à son projet fidelle.

Charle (*), roi désigné, dans son palatinat,
Attend, en frémissant, le retour du sénat ;
Si le sénat échoue, on porte Charle au trône.
J'obtiendrais tout de lui s'il obtient la couronne ;
Mais le bonheur du peuple est le premier devoir.
C'est le but de la Reine ; elle a ce grand pouvoir.
Elle doit prononcer ...

TRISTAN.

     Mais sa fierté s'obstine.
Nul n'ose sur ce point interroger Christine !
Assemblage inouï d'orgueil et de rigueur,
Elle ne prend conseil que de son propre cœur.

MONALDESCHI.

Parlons avec respect de son âme brûlante.
Dès ses plus jeunes ans, cette femme étonnante
Rêva le bien public et des mortels parfaits.
Que vit-elle bientôt ? d'infortunés sujets,
La Suède ravagée, et ses valeureux princes
S'arracher par lambeaux les corps et les provinces.
Elle les vit régner par un assassinat,
Tracer avec le sang les bornes de l'état,
Trace qui, chaque jour, poussée en sens contraire,
En une mer sanglante allait changer la terre.
» Dieux, dit-elle, arrachez le sceptre de mes mains.
» La justice n'est plus ; j'abjure les humains.
» Vous les abandonnez à leur affreux délire,
» Faible mortelle, moi, j'oserais les conduire,
» Lorsque le vrai génie et les plus grands héros
» Ne peuvent des mortels assurer le repos !
» Laissons le diadême aux amans de Bellonne :
» Pour nous c'est un bandeau ; pour eux c'est la couronne.
» Le vrai sceptre est l'épée ! à qui s'en sert le mieux,
» Je lègue avec mes droits celle de mes ayeux.
Elle abdique aussitôt. Fuyant l'ingratitude,
Recherchant l'amitié, les arts, la solitude,
Elle regrette moins des titres fastueux
Que le pouvoir si doux de faire des heureux.

TRISTAN, *avec intention.*

La Reine a bien changé ?...

(*) Prince palatin.

MONALDESCHI.
　　　　　　　Ses vertus sont les mêmes.
TRISTAN, *observant Monaldeschi.*
Ces nouveaux sentimens veulent d'autres systêmes.
MONALDESCHI.
(Saurait-il?)
TRISTAN.
　　　Elle fuit les rois et leurs vœux ;
Mais Veimar cependant trouve grâce à ses yeux !
Jeune, fougueux et brave, il est fait pour séduire ;
Malheureux, ce n'est pas la pitié qu'il inspire,
Et quand Christine brûle et cache cette ardeur,
Il se peut que l'amour suffise à son bonheur ?

MONALDESCHI, *dissimulant.*
Tristan, de tels secrets, surtout près d'une reine,
Qui fuit tous les mortels, abhorre toute chaine,
Ne m'appartiennent point.

TRISTAN, *bas, et avec mystère.*
　　　　　　Je sais pourtant, Seigneur.
Qu'un premier favori sut enflâmer son cœur ;

(*Regardant Monaldeschi de plus en plus.*)

Qu'aimant un étranger dont l'esprit à systême
Sut lui faire abdiquer l'éclat du diadême,
Christine a tout quitté pour faire un seul heureux.
Ce grand mytère enfin, n'est su que de nous deux !
Mais malgré son esprit et sa grâce ingénue,
Qu'à l'ancien favori la cour soit mieux connue.
Ici, l'amour éteint fuit, près d'un autre amour,
Comme l'astre des nuits devant le Dieu du jour :
Et l'on voit allumer, en charmant une reine,
Par l'éclair du plaisir le flambeau de la haine.
Voilà le sort du faible et l'intrigue des cours !

MONALDESCHI, *dissimulant et avec noblesse.*
Qu'osez-vous supposer ? supprimez ces discours.
Ainsi la calomnie et l'oisive insolence
Rampent devant les rois, blâment en leur absence.
Je ne crois point ce bruit par la haine semé,
Ni que par notre Reine un mortel fut aimé ;

Et j'en serais certain, que serviteur fidèle,
Je cacherais des feux que Christine nous cèle.
Le secret de l'amour est un dépôt d'honneur !
On ne peut le trouver qu'au fond de notre cœur !
(*Avec feu.*)
On ne l'obtient pas-même en nous ôtant la vie !

TRISTAN, *bas.*

Ne peut-on se venger de qui nous sacrifie !

MONADELCHI.

O ciel ! qu'osez-vous dire ?

TRISTAN, *déconcerté.*

(*A part.*) Il ne souscrira pas
Au complôt.

MONALDESCHI, *fièrement.*

Dites bien aux oisifs, aux ingrats,
Que les rois sont trop lents à punir vos semblables ;
Que Christine, au-dessus de leurs soupçons coupables,
(*Dissimulant quoiqu'avec trouble.*)
Pût chérir un sujet sans lui donner son cœur.
Des rois, sans l'amitié, quel serait le bonheur !
Un mortel, de Christine obtint la bienveillance ?
C'est un titre de plus au respect, au silence ;
En lui, si le dépit venait e triompher,
Moi-même dans son sein j'irais plonger ce fer !
Voilà mes sentimens, ceux d'un sujet fidèle !
Oui, j'admire Christine et je mourrais pour elle !
(*A part, sortant.*) (*Montrant Tristan.*)
(Je soupçonne un complôt, et veillerai sur lui.)

(*Il sort.*)

SCENE II.

TRISTAN, *seul.*

Va, cache ton amour qu'on dédaigne aujourd'hui.
Je n'espère plus rien de son humeur austère.
De Veimar stimulons le bouillant caractère :
Je l'attends... La couronne échappe de nos mains,
Si le sénat, ici, vient troubler nos desseins,

S'il décide la Reine avant que mon adresse
Ait pû mûrir assez le complot. Le tems presse.
(*Avec emportement.*)
L'ardente ambition m'engage à tout braver.
Ici, quel poste obscur aurais-je à conserver ?
Officier sans honneurs d'une reine sans trône,
J'obtiens le premier rang, en donnant la couronne :
Veimar l'attend de moi ; Veimar doit l'obtenir ;
Le danger présent fuit près d'un grand avenir.

SCENE III.

VEIMAR, TRISTAN.

VEIMAR, *entrant vivement.*

Eh ! bien, Tristan ! parlez ! quel bruit vient me surprendre ?
Le sénat à Christine, ici, se fait entendre,
Et rapporte à ses pieds le pouvoir souverain ?
Où donc est mon empire et ce vaste dessein
Dont pour me couronner votre âme est occupée ?
Ah ! j'en étais plus près quand, suivant mon épée,
Quinze mille Saxons, secondant les Suédois,
A Ferdinand, sous Vienne, allaient dicter des lois.
De ces guerriers frappés d'une mort aussi prompte,
Un seul a survécu ! c'est Veimar ! quelle honte !
Ils ont péri pour moi, j'aurais vécu pour eux !
Le destin m'a trahi... Mourons comme ces preux !
J'ai perdu mes états; mais c'est Mars qui les donne ;
Mon épée est mon sceptre, un cimier ma couronne !
Malgré tant de revers, régnons ou périssons !
Je n'espère plus rien de vos soins !...

TRISTAN.
       Quels soupçons !
Seigneur ! quand les exploits ont moissonné la gloire,
La politique glane aux champs de la victoire :
Croyez-moi.

VEIMAR, *très-vivement.*
    Prouvez donc ; je suis las d'espérer.
L'espoir d'un rang illustre a dû vous inspirer,
Ou la crainte ; agissez. Soldat rempli d'audace,
J'offre, du même front, l'amitié, la menace.

Loin de moi la faiblesse et la duplicité ;
Enfant du nord, Veimar en garde l'âpreté.
J'abhorre ces détours, ce génie italique,
Que l'on masque à nos yeux du nom de politique :
Quand j'ai dit mon secret, qui l'entend est lié ;
Qui le trahit est mort !... sera-t-il publié ?
Parlez, Tristan ?

TRISTAN.

Seigneur ! je me perdrais moi-même !
Calmez donc vos transports et cette ardeur extrême.
Connaissez mes projets et ne les blâmez pas.
Le succès fait le droit. Christine, en ces climats,
Confie au chancelier les ordres qu'elle donne ;
Je lui soustrais les sceaux avant qu'il me soupçonne ;
Tout se prépare. Il faut, pour le trône suédois,
Quand la reine s'apprête à proclamer son choix,
La contraindre à nommer Veimar au lieu de Charle.
J'y suis prêt ; son départ, avant qu'elle ne parle,
Assure le complot.

VEIMAR, *étonné*.

Mais ô ciel ! la tromper ?

TRISTAN.

Non, dites la servir... Plus fait pour l'occuper
Ce trône si fameux, que Charle obscur encore,
Quand le jour du regret, dont j'entrevois l'aurore,
Éclairera Christine, alors Roi, son époux,
Vous lui rendrez le sceptre en l'unissant à vous
A qui nous rend le trône on pardonne sans peine.

VEIMAR.

A ce rang j'ai des droits ; mais abuser la reine ?
Et qui la contiendra me voyant souverain ?

TRISTAN.

Tout sert notre projet. Sachez que Mazarin
Dès long-tems aux Suédois accordant un subside
Et craignant de leurs chefs de n'être plus le guide,
S'il ne fixe à la Reine un nouveau successeur,

(à *Veimar qui fait un mouvement.*)

Doit la faire enlever pour un tems... Mais seigneur !
Ne vous récriez pas....

VEIMAR, *indigné*.

Cet insolent ministre !

A Christine....

TRISTAN, *vivement.*

　　　　　　Ce jour ne sera point sinistre.
Dans le château de Blois des entours somptueux,
Des gardes attentifs, prévenant tous ses vœux,
Jusqu'à l'élection veilleront sur la reine.
Bientôt, vous couronné, quand l'himen vous enchaine,
Ce crime prétendu devient un sort bien doux :
Et l'odieux ministre un bienfaiteur pour vous.
Cédez donc...

VEIMAR.

　　　　　　Mais enfin souffrir la violence !...

TRISTAN, *insistant avec adresse et la plus grande vivacité.*

Songez qu'elle nous sert, que vous êtes en France
Sans soldats, sans pouvoir ; que ce tort, fut-il grand,
Tombe sur Mazarin.... Bientôt roi, conquérant
Je vous vois épousant cette reine fameuse,
Eclipsée un moment, pour être plus heureuse,
Couvrir ce tort léger d'un titre solennel.
(*avec un enthousiasme à dessein.*)
Un seul jour de victoire est bien plus criminel !
Cédez donc à la gloire, au seul vœu de votre ame,
Je me charge de tout.

VEIMAR, *avec ivresse*)

　　　　　　L'ambition m'enflamme !

TRISTAN.

La reine en ce salon doit, dit-on, vous parler :
Quels que soient ses discours, il faut dissimuler ;
C'est un effort pour vous; mais il est nécessaire.
Daignez encor jurer le plus profond mistère
Si je suis découvert...

VEIMAR, *noblement.*

　　　　　　Quand j'ai donné ma foi...

TRISTAN.

Christine vient ! allons et ce jour vous fait roi !

　　　　　　　　　(*Ils sortent.*)

SCÈNE IV.

CHRISTINE seule, rêvant.

Fragile cœur humain! mélange de tendresse,
De cruauté, d'amour, d'orgueil et de faiblesse!
Où conduis-tu Christine?... Oui, j'adore Veimar,
Et le bandeau fatal m'est arraché trop tard :
Pour un premier amant j'ai quitté la couronne ;
(*Bas et avec confusion.*)
Pour le fuir aujourd'hui je quitterais un trône !
Quel est ce trouble affreux, pénible sentiment
Que pour des feux éteints cause un nouveau penchant ?
Monaldeschi constant, tendre, charmant encore,
Gémit, se tait : (*bas*) pourtant je sens que je l'abhorre ;
J'en rougis. Vain effort ! sa douceur, ses vertus,
Tout, auprès d'un héros, paraît un tort de plus.
Je tremble que Veimar ne lise dans nos ames...
Mais quoi! toujours trembler, me mettre au rang des femmes !
Ressuscitons ma gloire et ma noble fierté,
Ce système d'orgueil pour qui j'ai tout quitté.
Tout cœur cède à l'amour : j'ai paru m'en défendre !
Le trône est désiré, j'en ai voulu descendre ;
J'ai conquis l'univers par d'illustres mépris,
Et, brisant mes autels, régné sur les esprits.
Suivons mon but. Joignant les dédains à l'ivresse,
Soyons tout-à-la fois Cléopâtre et Lucrèce !
Pour régner, abdiquons ; dédaignons, pour brûler !
Et malheur au mortel qui peut me dévoiler !
(*On entend Veimar.*)
J'entends Veimar !... Il vient.. Quel est mon trouble extrême!
Au nœud que je fuyais il faut m'offrir moi-même,
Prévenir des soupçons, trahir la vérité.
Fatal Monaldeschi ! quel prix tu m'as coûté !

SCENE V.

CHRISTINE, VEIMAR.

VEIMAR, *entrant avec grace et un feu chevaleresque*

A vos désirs, madame! empressé de se rendre
Veimar est accouru! quel ordre dois-je attendre?
Au sénat de Stokolm qui rapporte à vos pieds
Des pouvoirs importuns, un vœu que vous fuyez,
Faut-il porter le vôtre et que ma voix désigne
Ce hardi successeur?... Qui peut en être digne!

(*Avec dédain.*)

Faut-il, du jeune Charle, inconnu dans nos camps;
Mais qui compte sur vous, sur des amis puissans,
Et déjà par la force appuye un nouveau titre,
Aller punir l'audace et vous rendre l'arbitre?
Grande reine! parlez, disposez de mon bras.
Tout mon sang...

CHRISTINE.

Pour notre ame il est d'autre combats...

VEIMAR, *toujours avec fougue.*

Du Vainqueur des Danois et de la Germanie
De Gustave faut-il, évoquant le génie,
Suivre son ombre auguste à de nouveaux exploits?
Mais où sont nos soldats? nos cent mille Suédois
Moissonnés en entier, par dix ans de vaillance,
Eux-mêmes, chez les morts, ne sont qu'une ombre immense:
La terre ravagée engloutit ces guerriers,
Et la ronce serpente où croissaient leurs lauriers.
Pour servir vos desseins, pour servir votre gloire
Il faut de nouveaux bras....

CHRISTINE.

Ah! la seule victoire
Dont je serais jalouse et qui touche mon cœur,
Veimar! ne s'obtient pas par le sang, la fureur;
Il suffit de me vaincre...

VEIMAR, *surpris.*

Eh! quel est ce mystère ?
Qui donc haïssez-vous ?

CHRISTINE, *avec finesse.*

Si c'était le contraire ?

VEIMAR, *vivement.*

Quelqu'un votre ennemi ?

CHRISTINE, *le regardant.*

Non, je ne le crois pas.

VEIMAR.

La haine, ni la gloire! et dans mon embarras...
Quel est cet intérêt ?...

CHRISTINE.

Mon trouble peut le dire.
Je hais un sentiment, non celui qui l'inspire.

VEIMAR, *dans la dernière surprise.*

O ciel! vous aimeriez ? vous! dédaignant les rois,
Fuyant tous les mortels, leur refusant des lois!
Vous! qui traitez l'amour d'erreur ou de chimère,
(*Avec feu.*)
Un mortel aurait pu ?... Mais quand il saurait plaire,
Quand il adorerait tant d'esprit, de beauté,
Le plus hardi, frappé de votre austérité,
N'oserait, en secret, s'avouer qu'il vous aime,
Ni déclarer...

CHRISTINE.

Aussi parlerais-je moi-même.
Ma fierté m'a réduite à ces pénibles soins,
D'en dire plus qu'une autre et qu'on m'entende moins.
On n'interprète pas mes soupirs, mon silence.
Eh! bien, de ce mortel recherchant la présence,
Je lui dirais : « L'aspect d'un héros malheureux,
» Vainqueur dans ses revers; toujours grand, généreux,
» A plus fait sur mon cœur que la victoire même :
» En vain le sort jaloux brisa son diadème;
Regardant Veimar avec passion.)
» La plus belle couronne est ce cercle étoilé
» Que sur son front charmant la gloire a déroulé!
» Je ferais mon bonheur de l'aimer, de lui plaire! »
Dira-t-on à présent que Christine est si fière,

Quand ce tendre abandon la livre à son vainqueur,
Et qu'elle abdique encor tout pouvoir sur son cœur?

VEIMAR.

(*Doutant encore.*)

L'ai-je bien entendu! Mais quel mortel, Madame,
Est assez fortuné?.. daignez ouvrir votre âme;
Achevez...

CHRISTINE.

Le passé doit dire assez, je crois,
Que je ne puis ainsi m'expliquer qu'une fois.
Ma vie est attachée à ce profond mystère.
Ce héros seul et moi le sauront sur la terre...

VEIMAR, *se jettant à ses pieds.*

Est-ce un songe? une erreur? bonheur inespéré!
(*A part, avec ivresse.*) (*Haut.*)
Christine! (Je suis roi!) Comment ai-je inspiré?
Moi, Prince détrôné, sans éclat, sans armée...

CHRISTINE, *tendrement.*

Le demanderiez-vous, si j'étais plus aimée?
Je suis sans trône aussi...

VEIMAR.

Vous régnez par l'amour!
(*A part.*)
(Et je pourrais souffrir un complot en ce jour?
Non, jamais!...)

CHRISTINE.

J'ai parlé; mais souffrez que j'achève,
Et qu'humble pour l'amour, pour l'honneur je m'élève.
Si ce jour est le seul où je romps mon serment,
Quels soins et quels périls attendent mon amant!
Un transport, un regard, pourraient m'ôter la vie,
Mais à l'ingrat, soudain, elle serait ravie.
Oui! malheur au mortel, maître de mon secret,
Qui m'aurait entendue et qui le trahirait!
O ciel! mes feux cachés, dévoilés à la terre!
Mes desseins parjurés par un choix volontaire!
Voir vingt rois dédaignés, sourire à mes tourmens!
Ah! plutôt mille morts!...

VEIMAR.

     Vous avez mes sermens.
Mais Reine! pardonnez... peut-être je me flatte...
Ne faut-il pas un jour que cette ardeur éclate,
Quand partageant l'empire et le trône?

CHRISTINE, *très-vivement.*
      Jamais!
(*Avec tendresse.*)
 Vous êtes mon bonheur, mon trône et mes sujets!
 Je reviendrai point sur un tel sacrifice.
Mais que dis-je? En est-ce un? Que l'hymen nous unisse:
Préférons sa couronne à celle que je fuis;
Vous-même avez connu son néant, ses ennuis;
Détrompés des grandeurs après dix ans de guerre,
Ne cherchons plus que nous, que nous seuls sur la terre!...

(*On entend l'arrivée du sénat qui paraît et attend dans le fond.*)

Mais le sénat paraît! je vais trahir ses vœux
Pour être toute à vous, et vous voir plus heureux.

 VEIMAR, *lui présentant la main pour aller à un fauteuil*
     plus élevé.

(*Profondément.*)
(Quelle erreur! désespoir!)

SCENE VI.

Les Mêmes, OXENSTIERN, MONALDESCHI
  DÉPUTÉS du Sénat de Stockolm.

CHRISTINE, *assise.*

(*A part.*)   (D'un vertueux système
  (*A Oxenstiern.*)
Colorons mes refus.) Du sénat chef suprême,
Approchez Oxenstiern; je vous ait fait mander
Pour ouir ma réponse, et si je dois céder.
Deux motifs, au vulgaire ont fait chérir le trône:
Le charme du pouvoir, l'éclat qui l'environne;
Mais quels puissans motifs doivent en éloigner!
Et que le sceptre pèse a qui veut bien régner!

Des héros, en tout tems, j'ai vu la destinée,
Aux soucis, à l'envie, aux revers condamnée.
Je les ai vus, pour prix des plus rudes combats,
Envahir la douleur, conquérir le trépas.
Au palais des Césars, sanglante et solitaire,
Voyez, chez les vaincus, l'armure de mon père :
Elle fit tout trembler, elle tremble à leurs cris ;
Un murmure l'agite et montre ses débris :
Ainsi passent les rois. Ah ! si l'ordre du monde
Veut que le sang ruisselle et que la foudre gronde,
Pour vaincre les pervers, les forcer d'être heureux,
C'est à l'homme à remplir ce devoir rigoureux.
Mon sexe a, j'ose croire, un plus beau ministère :
C'est de faire oublier les fléaux sur la terre.
Je n'imiterai point ces reines de nos jours,
Si fortes dans leurs camps, si faibles en amours ;
Qui, de leurs favoris épousant les maximes,
Tour-à-tour sous le dais font asseoir tous les crimes.
Non, laissons aux héros marqués du sceau des dieux,
Dont l'étoile étincelle en un front radieux,
Le soin de triompher et d'éclairer le globe ;
Christine à ces tourmens pour jamais se dérobe.
Régner sur l'amitié par les arts, le bonheur,
Voilà son seul empire et le vœu de son cœur.

OXENSTIERN.

Reine, tous vos refus parlent pour la patrie.
Chaque excuse est un titre à notre idolâtrie :
Vos droits en sont plus grands, aussi mal défendus,
Et le pouvoir se doit à qui craint son abus.

CHRISTINE, *redoublant d'ironie*.

Vains détours de l'orgueil dont le mien se méfie ;
J'ai trop peu de vertus, trop de philosophie.
Reine, tient-on le sceptre, et mille courtisans
N'empoisonnent-ils pas nos vœux ou nos présens ?

(*Regardant l'assemblée avec amertume et dédain.*)

Sur ce point, même ici, j'ordonne qu'on s'explique ;
Que chacun, sans détour, montre sa politique.

(*Il se fait un silence. Oxenstiern regarde Monaldeschi.*)

OXENSTIERN, *à Monaldeschi.*

Comte Monaldeschi, c'est à vous, chancelier.
Parlez...

MONALDESCHI, *à la Reine modestement.*

On le veut.

CHRISTINE, *alarmée, à part.*

Dieux! s'il allait s'oublier!

MONALDESCHI, *avec une ironie douce et profonde, et avec une douleur concentrée, en regardant la Reine.*

Il est un âge heureux de paix et d'innocence,
Où l'on rêve le bien, les vertus, la constance :
Le voile se déchire, et notre cœur surpris
Chérit les biens perdus, hait ceux qu'il a chéris.
Pour de simples mortels ce songe est méritoire ;
Mais les erreurs des rois sont crimes dans l'histoire.
Si donc une princesse, avouant son erreur,
Sans un front couronné ne voit plus de grandeur ;
Si son esprit frappé de nouvelles lumières,
De la philosophie abjure les chimères,
Qu'elle prenne le sceptre et choisisse un époux ;
En assurant ses droits c'est s'immoler pour tous,

(*Avec finesse et une légère ironie, en regardant Veimar.*)

Il est vrai ; les héros savent régir le monde,
Vaincre plutôt qu'aimer ; cette flamme féconde,
Leur génie immortel, tel que l'astre des jours,
Ne jette sur les fleurs qu'un rayon dans son cours.
Il garde son faisceau pour éclairer la terre,
Et le flambeau d'hymen palit près du tonnerre.

(*Avec une ironie douce.*)

N'importe... des héros l'éclat vaut le bonheur ;
Un reflet de leur gloire est assez pour un cœur !
Ainsi, prendre un époux, monter au rang sublime,
Pour Christine est...

CHRISTINE, *se levant et l'interrompant
(Avec la plus grande énergie.*)

Jamais! ni tyran, ni victime!

(*Après un repos.*)

Tel sera mon destin... j'en appelle à Veimar,
Qui jadis pour le trône a levé l'étendard ;

Aujourd'hui détrompé... j'en appelle à lui-même.

   VEIMAR, *s'avançant avec la plus grande vivacité.*

Ah! Reine, pardonnez à ma franchise extrême,
Je vous parle en soldat, comme j'ai combattu,
Et mon brusque abandon est ma seule vertu.
Le trône a ses tourmens, il a ses sacrifices ;
Mais je ne conçois pas de plus vives délices !
Voir les peuples soumis en cent climats divers,
Par la force ou l'éclat dominer l'univers ;
Conquérir, commander, accroître son armée,
Protéger, secourir l'innocence alarmée..
Quelle ivresse !.. L'amour est un doux sentiment ;
Mais il faut aux grands cœurs un plus noble aliment,
La gloire... on la dépeint à tous les maux en proie ?
Le soldat vous répond avec ses cris de joie;
Il vit heureux et fier, il expire en héros,
Non courbé sous le faix d'insipides travaux.
Le ciel couvre de fleurs sa carrière honorée,
Il lui donne en plaisir ce qu'il ôte en durée;

(*Avec la plus grande fougue.*)

Enfin ou guerre ou paix, la vie ou le trépas,
Tout est bonheur, délire ; et je ne conçois pas,
Loin d'avilir la gloire et de quitter un trône,
Que l'on n'aille aux enfers ressaisir sa couronne.

  CHRISTINE, *à part, étonnée et descendant de son siège.*

(Ciel! rompons l'entretien.) Cher Veimar, il suffit.
De tels conseils par moi seront mis à profit.

(*Au Sénat.*)

Mais je persiste encor dans le vœu qui m'anime :
Un écrit au Sénat nommera la victime
Condamnée à régner, ou plutôt à gémir.

(*A Veimar.*)

Et vous, prince, j'aurais à vous entretenir.

(*Le Sénat sort consterné, Veimar sort du côté opposé avec
  Christine, qui rentre précipitamment.*)

SCENE VII.

MONALDESCHI, TRISTAN.

TRISTAN, *les montrant à Monaldeschi.*
La faveur et l'amour parlent assez, je pense ?
Comte, vous étouffez une juste vengeance ?
MONALDESCHI.
Je vous l'ait dit, Tristan, supprimez ces discours :
L'intrigue et les ingrats sont le fléau des cours ;
Christine, des vertus est toujours le modèle ;
Le passé, le présent, rien n'est indigne d'elle :
Le sénat comme moi vous paraît rassuré :
(*A part.*)
Imitez nos respects...(Je suis désespéré.) (*Il sort.*)

SCÈNE VIII.

TRISTAN, *seul.*

(*Montrant Monaldeschi.*)
Vain détour ! Des Suédois l'attente est donc déçue !
La faveur de Veimar, éclatant à leur vue,
Va confirmer l'écrit qui le nomme leur roi :
Christine a nommé Charle ; il compte sur sa foi ;
C'est envain ! Mazarin fait enlever la Reine,
On la force à signer un traité qui l'enchaîne,
A désigner Veimar ; un mot va tout changer !
A-t-elle en son conseil daigné m'interroger !
Moi ! jadis confident et favori, peut-être
Sans Veimar !... Mais par lui mon crédit va renaître ;
Tout grand ministre est roi s'il connaît son pouvoir !
(*Avec fureur.*)
Poursuivons mes projets... Trahi dans mon espoir,
Je déteste le Prince et la Reine et la France.
La vérité commande autant que ma vengeance !
Christine démasquée alors ne dira plus :
» J'ai les plaisirs du vice et l'éclat des vertus! »

Fin du premier Acte.

ACTE II.

SCENE PREMIERE.

CHRISTINE, VEIMAR.

CHRISTINE.

Prince !... de ma surprise à peine revenue,
Je ne m'attendais pas, quand ma flâme ingénue
Plaçait tous mes secrets et mon sort en vos mains,
Que vous regretassiez les pouvoirs souverains.
Attribuant à l'âge, à votre ardeur guerrière,
Quelques élans de gloire, une triste lumière,
Vient m'éclairer trop tard, mais ne saurait changer
Mon dessein d'abdiquer et de vous protéger.
Je crois que vous m'aimez, puisque j'ai pû moi-même
Oublier mes sermens, dire que je vous aime :
Un mot va me répondre et j'offre ; c'est ma loi !
Christine sans le trône, ou le trône sans moi !...
C'est dire que Veimar à mes vœux peut suffire :
Ne serais-je donc rien à ses yeux sans l'empire ?

VEIMAR.

Une bonté si tendre, un amour aussi pur

(*Avec trouble et embarras.*)

M'ont fixé pour jamais... Mais ce destin obscur
A vos yeux même, un jour, me peut paraître à craindre !
Pardonnez, si parfois, peu fait à me contraindre,
Des regards vers le trône et des pleurs orgueilleux,
Au nom du nouveau roi, s'échappent de mes yeux...
Je veux n'être qu'à vous, ma plus chère victoire,
Maîtriser, étouffer les soupirs de la gloire,
sceptre encor...

CHRISTINE, *avec passion.*

Vous n'y penserez pas.
Vous m'aimez! ah! l'amour vaut mieux que mes états!
Oui, j'en crois mes transports et cette ardeur nouvelle
(*Avec intention.*)

Inconnue à mes sens; une flâme aussi belle
Nous tiendra lieu de tout : ces rapides momens,
Sur le trône perdus ou livrés aux tourmens,
Seront tout au bonheur, à l'espoir qui m'enflâme.
Reine de votre cœur, vous régnant sur mon âme,
Si Chrisine suffit...

VEIMAR.

Pouvez-vous en douter?

CHRISTINE.

Que j'aimais à le voir à mes vœux résister!
Ces aveux de Veimar, son noble sacrifice,
Deviennent mes garans; bien loin qu'il me trahisse,
Tant de regrets présens assurent l'avenir;
Je remplace la gloire en son grand souvenir :
Abdiquant par amour, comme moi par système,
Veimar en est plus beau, plus digne que je l'aime;
Et ce jour qui rompra les liens des Suédois,
Par des liens plus doux va couronner mon choix.

VEIMAR, *vivement.*

Aujourd'hui vous nommez?

CHRISTINE, *avec transport.*

Ce soir l'hymen nous lie.

VEIMAR, *inquiet.*

Ce soir on vous succède?

CHRISTINE, *avec ivresse.*

Et demain je l'oublie!
Pour être toute entière au bonheur, à Veimar.

VEIMAR.

(*A part, avec espoir.*)
(Peut-être étant époux!) N'apportez nul retard
A des nœuds si charmans qu'enviait ma tendresse;
Mais de nommer le roi, Madame! qui vous presse?
Il serait mieux d'attendre et méditer son choix.

CHRISTINE.

Veimar! mes choix sont faits, je les signe à la fois.

VEIMAR.

L'himen dit à l'amour ce qu'il sent, ce qu'il pense ?
(*A part.*)
J'espère !

CHRISTINE.

Vous aurez toute ma confiance.

VEIMAR.

Dès demain vous direz le nom du successeur ?

CHRISTINE.

En sera-t-il besoin pour qui lit dans mon cœur !

VEIMAR, *à part.*

(C'est moi ! C'est pour juger si Veimar la préfère
Au trône...)

CHRISTINE, *plus bas et montrant la galerie des cerfs.*

Du Palais cette aile solitaire
Cache un autel obscur, simple, silencieux,
Tel que je vois l'hymen ! c'est dans ces sombres lieux

(*Avec fausseté.*)

Que d'un premier amour je connaîtrai l'ivresse :
Le voile de la nuit enhardit la faiblesse ;
L'éclat plaît aux héros, l'ombre aux amans parfaits !
C'est là que mon époux va jurer pour jamais
Secret, fidélité, soumission entière
D'adopter des projets dont mon âme est si fière,
De n'entendre que moi, ne voir que par mes yeux ;

(*Avec une inquiétude marquée.*)

De fuir ou d'immoler tout être audacieux
Qui du seul nom d'amour frapperait son oreille.
Quand la crainte s'endort, l'insolence s'éveille !
Du Comte suspectez l'envie et les discours !
C'est au fer à trancher les énigmes des cours !
L'honneur des rois vaut plus que le trône et la vie :
Voilà pourquoi le mien à Veimar se confie !

(*Montrant la galerie.*)

A minuit... cet autel entendra mes sermens ;
Veimar s'y rendra-t-il ?...

VEIMAR.

Ah! pressons ces momens.

CHRISTINE, *avec ivresse, sortant.*

(Enfin il est à moi ce héros que j'adore !
Veillons sur son rival..)

SCENE II.

VEIMAR, *seul.*

Moi, la trahir encore !
Et souffrir un complot ! non ! M'engageant sa foi,
Il faudra bien qu'au trône elle monte avec moi.

SCENE III.

VEIMAR, TRISTAN.

TRISTAN, *derrière Veimar.*

Qu'il soit roi, mais époux, c'est me perdre moi-même !
(*A Veimar qui fait un mouvement.*)
Prince ! vous vous flattez que Christine vous aime?
(*Il montre la galerie.*)
Ne dissimulez rien; car j'ai tout entendu.
Eh bien ! quand à ses vœux votre cœur s'est rendu,
Tandis qu'on vous flattait d'un obscur hyménée,
Un autre voit pour lui, la pourpre destinée;
On élève un rival, vous restez prosterné;
Votre front s'humilie, un autre est couronné !

VEIMAR, *très-vivement.*

Que dites-vous ?

TRISTAN.

Trop vrai !

VEIMAR.

Qui le prouve?

TRISTAN.

Tout parle!
Ce successeur...

VEIMAR.

Eh bien?

TRISTAN.
Il est nommé!

VEIMAR
Qui?

TRISTAN.
Charle!
(*Donnant la lettre destinée au sénat.*)
Lisez... C'est de Christine! une lettre au sénat!

VEIMAR, *lisant.*

C'est sa main!... Perfidie! effroyable attentat!
Pendant qu'elle me flatte, et d'une voix si tendre,
Qu'on me promet le trône... (au moins j'ai cru l'entendre)
Un autre a ses bienfaits, un autre devient roi!

TRISTAN.

Devez-vous le secret à qui trahit sa foi?
Je vous ai dit le mien; mais soyez moins sincère.
(*Avec ironie.*)
Laissez-moi vous servir, persistez à vous taire,
Remplissez vos sermens; le mien s'accomplira:
Jamais sur vous, sur moi, Charles ne régnera!

VEIMAR.

Sur moi Charles régner! que plutôt cette épée
Au cœur du palatin soit à l'instant trempée!
Que ce fer sur son flanc soit un sceptre fatal,
Que le sang soit la pourpre où siége mon rival!

TRISTAN.

Voir des héros Saxons la dynastie antique
Chercher pour tout honneur la gloire domestique!
Veimar, obscur amant, bornant là ses exploits,
Même au titre d'époux abdiquerait ses droits,
Sur son front avili rougirait de lui-même,
Et de la honte seule aurait le diadème?
De quelque nom qu'on voile un état aussi bas,
Soit tendresse, calcul, ou secret embarras,
C'est une insulte, un crime! Ajoutez la couronne
Que Charle obtient... après que votre cœur ordonne...

VEIMAR.

Il frissonne de rage!

TRISTAN.

Et dit de se venger !
Mazarin m'autorise et doit nous protéger.

(*Il montre un écrit.*)

J'ai fait tracer l'écrit où, fuyant leur instance,
La Reine aux sénateurs motive son absence
Et vous nomme leur roi ; l'autre écrit disparaît.

(*Il le montre et le cache dans son sein.*)

Les conjurés et moi, lieux et tems tout est prêt ;
J'ai de Monaldeschi surpris avec adresse
Les sceaux et la prudence ; un autre soin le presse :
Absorbé par un feu qu'on connaîtra bientôt,
Ce seing et son oubli, tout sert notre complot.
A minuit, vous régnez !

VEIMAR, *avec emportement, et sortant.*

Allez, tout me décide
Et la Reine en ce jour est la seule perfide !
Le secret de mes feux exigé par serment,
Lui sert à nommer Charle, à tromper son amant !
Après ces vils détours, Veimar vous l'abandonne :
Elle n'abdique plus ce forfait la détrône !

(*Il sort vivement.*)

SCENE IV.

TRISTAN, *seul.*

Voici l'heure ! je tremble. Est-il pour les ingrats,
(*Montrant le cadran de la galerie.*)
Dans ce cercle du tems, quelqu'avis du trépas ?
Ce mobile stilet, qui sur minuit s'arrête,
Semble un poignard marquant l'heure ou tombe ma tête !
Vain effroi ! tout est prêt ; Christine est seule ici !

(*Il regarde du côté de l'appartement de la Reine.*)

Ils sont tous au conseil ; agissons... la voici !
L'unique confident, des autels le ministre,
Doit lui tendre la main. Une main plus sinistre
Va remplacer la sienne. Enlevés tous les deux,

Sans bruit, je leur fais suivre un détour ténébreux ;
Ils vont au char d'exil, pour nous char de victoire !
Cet écrit et le sceau, tout engage à nous croire :
Christine dans les fers ne peut nous démentir,
Et c'est par Tristan seul qu'elle en pourra sortir.

(*Il sort par la gauche.*)

SCENE V.

(*L'obscurité est complette. La porte de la galerie s'ouvre sans qu'on voie personne. On apperçoit, au fond d'une longue perspective dans la galerie des cerfs, une faible clarté qui laisse à peine distinguer les apprêts de l'autel.*)

CHRISTINE, seule.

J'ai bravé les combats et des revers célèbres ;
L'hymen me voit craintive au milieu des ténèbres.

(*Regardant dans la galerie.*)

Cette flâme tremblante et ces apprêts lointains
Semblent, bien loin encor, fixer d'heureux destins.
Mais vains pressentimens ! vaine horreur qui m'afflige !
Ce lugubre appareil, ma prudence l'exige :
Où nous conduit, ô ciel ! une première erreur !
J'ai quitté la couronne, et dans le fond du cœur,
Sans un grand démenti que mon orgueil abhorre,
Je reprendrais le sceptre, et m'en crois digne encore !
J'ai dédaigné vingt Rois, et voudrais oublier
Qu'en secret j'ai brûlé pour mon jeune écuyer
Qui, Chancelier depuis, n'en est que plus à craindre !
Si Veimar soupçonnait ! que de motifs pour feindre !
Nuit favorable ! accours ! puisse l'obscurité
Jeter son voile épais dans mon cœur agité !
Mais le Ministre vient... Par l'espoir, l'hymenée,
Mon esprit est calmé, mon âme est entraînée !...

SCENE VI.

CHRISTINE. TRISTAN, *en manteau noir, s'approche seul sur le côté et coupe le chemin à la Reine, qui s'approche de la galerie.*)

CHRISTINE.

Venez-vous me conduire à l'autel ?

TRISTAN, *d'une voix forte.*

A l'exil ! Madame, suivez-nous.

CHRISTINE, *reconnaissant Tristan.*

Des Suédois ! se peut-il ?

TRISTAN.

Venez...

CHRISTINE.

Vous oseriez ?...

TRISTAN.

Oui !

CHRISTINE.

Ciel ! la violence !
(*Avec indignation.*)
Mes propres serviteurs !

TRISTAN.

Non ; nous servons la France,
Mazarin. Venez donc dans le château de Blois,
Au lieu d'un roi peu fait pour nous donner des lois,
Nommer un preux fameux de l'Elbe jusqu'au Tibre !
Notre choix assuré, signé, vous serez libre.

CHRISTINE, *avec la plus vive indignation.*

Non ! Jamais ! Voilà donc le prix de mes bienfaits !
Qu'auraient-ils fait, grands dieux, en étant mes sujets ?
J'ai tout quitté pour eux, et leur ingratitude
S'arme de mes bontés et de ma solitude !
Leurs cœurs étaient ma garde, et je n'ai que des pleurs :
(*Se ranimant avec la plus grande fermeté.*)
Je n'en verserai point. J'ai pleuré vos malheurs,
Scélérats ! La pitié peut m'arracher des larmes ;
Mais mes yeux n'en ont point pour l'effroi, les alarmes.
Je redeviens Christine, et vous ferai trembler :
Oui ! je reprends le sceptre, et pour vous immoler !
Je vois déjà votre âme émue, intimidée ;
Au premier qui fléchit la grâce est accordée.
(*Tous s'agenouillent, excepté Tristan.*)

TRISTAN, *saisissant la Reine.*

Lâches ! vous hésitez ? eh bien ! imitez-moi.

CHRISTINE, *avec des cris.*

Défendez votre reine.

TRISTAN.

Obéissez au roi.

SCENE VII.

Les Mêmes, OXENSTIERN, MONALDESCHI, *s'élançant de la galerie, l'épée à la main. La salle s'éclaire.*

MONALDESCHI, *chargeant les conjurés à la tête des gardes.*

Scélérats! arrêtez, rentrez dans la poussière.

TRISTAN, *fuyant, à part.*

Fuyons!.... Monaldeschi!

OXENSTIERN, *soutenant la Reine.*

Leur rage meurtrière
A menacé ses jours, au moins sa liberté.
Des secours...

CHRISTINE, *fièrement.*

Le secours est dans ma fermeté.
Servez-moi de l'épée, autre soin m'humilie.
Sachez que le péril ne peut rien sur ma vie.

(*A part, voyant Monaldeschi.*)

Quoi! devrais-je le jour à ce funeste amant?

(*Haut.*)

Où donc était Veimar? Qu'il vienne en ce moment.

(*Un garde sort.*)

Que veut Monaldeschi?

MONALDESCHI, *avec une joie pure.*

Son bras vient vous défendre.
Dans l'horreur de la nuit, vos cris se font entendre,
J'accours, trop fortuné que l'instant soit venu,
Où, de Christine, hélas! quand je suis méconnu,
Quand son ordre, au conseil, a borné ma présence,
Pour elle, tout mon sang...

CHRISTINE.

C'est trop de suffisance !
Ici, pourquoi ce fer ?

MONALDESCHI, *attéré de surprise.*

Pour punir des ingrats.

CHRISTINE, *toujours avec plus d'humeur.*

Vous, peut-être... un pays fertile en attentats
Vous vit naître.

MONALDESCHI.

Grand dieu ! quel excès d'injustice !
C'est peu de mon malheur, de mon secret supplice,
Il faut en m'élançant vengeur, désespéré,
Par d'horribles soupçons voir mon cœur déchiré !

CHRISTINE.

Il n'est point de complots où n'entre l'Italie :
De ses nobles, voilà le talent, le génie !

MONALDESCHI.

J'ai cru que votre cœur les jugeait mieux jadis ?

CHRISTINE.

(*A part avec effroi.*)
(Que dit-il ?) Oui, j'ai pu distinguer leurs avis,
Leur adresse au conseil ; mais je hais leur tactique.
Leur fer a deux tranchans, suivant leur politique ;
Il m'est toujours suspect.

MONALDESCHI, *désespéré.*

(*A part.*)
Quoi ! Reine... (Je frémis.)
Quand j'accours...

CHRISTINE.

Vous osez...

MONALDESCHI.

Ah ! c'est trop de mépris !
On mérite son sort, laissant flétrir son âme.
L'Italie a produit plus d'un héros, madame,
Plus d'un ministre heureux, du bien passionné,
Chéri de son monarque, et qui l'eût gouverné,
Si l'estime d'un prince, et l'amitié peut-être,
Sentiment si flatteur, partagé par un maître,
Ne suffisaient au cœur qui sait sentir, brûler.

Qu'on ne se plaigne pas s'il sait dissimuler!
Il aime comme il hait, avec force, avec rage ;
Mais lorsqu'au dernier terme on a poussé l'outrage,
Le désespoir...

CHRISTINE.
(Appercevant Veimar et se radoucissant tout-à-coup.)
Veimar! cher comte, calmez-vous.

SCENE VIII.

Les Mêmes, VEIMAR.

MONALDESCHI.
(Poursuivant avec plus de force en voyant Veimar.)
Le prince est juste et grand. Il sait que contre tous,
En tout tems, pour vos droits, mes mains se sont armées :
N'est-il donc de valeur qu'au sein de vos armées ?
Dans le jour du péril plus d'un brave écuyer
Vaut, ainsi qu'en champ-clos, un illustre guerrier.
N'est-ce qu'en bataillons que la vie est frappée ?
La valeur est partout pour qui ceint une épée.
L'âme d'un gentilhomme élève tous les rangs,
Son fer croise le fer des héros les plus grands ;
C'est sa fidélité qui prouve sa noblesse,
(Avec douleur.)
Et mon cœur...

VEIMAR.
A ce titre, ah! que tout soupçon cesse.
Qui peut douter du Comte en un danger pressant ?

MONALDESCHI.
Le vrai héros toujours protégea l'innocent.

OXENSTIERN, à Veimar.
Vous savez quel motif en ces lieux nous amène ?

VEIMAR, regardant Monaldeschi.
Oui, quelqu'un accusé d'avoir trahi la reine.

MONALDESCHI, en pleurs.
Et ces soupçons... sur moi!

CHRISTINE, à Monaldeschi, à part.
(Traître! cachez vos pleurs.)

(Avec grâce au même.) (Bas, au même.)
Ah ! je vous rends justice... (Un mot de plus, tu meurs.)
(*Haut, avec fausseté.*)
Parlez : à vous défendre, ah ! je suis la première.
L'indulgence est ma loi.

VEIMAR, *à part, les observant.*

Dieu ! quel trait de lumière !

(*Haut, avec noblesse.*)
L'indulgence ! madame ? il n'en a pas besoin.
J'oserais l'affirmer, de ses vertus témoin.
L'homme que la faveur vit modeste, estimable,
De trahir vos bienfaits, l'honneur est incapable.

OXENSTIERN, *à Veimar.*

Savez-vous quel complot ?

VEIMAR.

Oui, pour nommer un roi.

OXENSTIERN.

Ce crime...

VEIMAR, *avec fermeté.*

Il est commis.

OXENSTIERN.

Qui nous instruira ?

VEIMAR, *fortement.*

Moi
Moi, guerrier, qui du faible ai juré la défense,
Qui ne peux sans horreur voir flétrir l'innocence.
Je connais le coupable. Il est franc, généreux,
(*Regardant Monaldeschi.*)
Et se croit avili, s'il fait un malheureux.
De ceux qui l'ont trompé, connaissez l'artifice.
(*Il donne l'écrit de Tristan.*)

OXENSTIERN., *prenant l'écrit.*

Quel est-il ? pardonnez, madame, la justice
Est remise en vos mains, puisque vous abdiquez.

CHRISTINE, *à part.*

Quels soupçons !

OXENSTIERN, *à part.*

Dieu ! par là si ses feux expliqués...

(*Il lit.*)

« Je rends grâce au sénat en fuyant sa prière.
» La retraite me cache aux regards de la terre ;
» Je vous laisse en partant, mon vœu pour les Suédois.
» Charle était désigné pour leur donner des lois ;
» Mais il faut un guerrier plus chéri de l'armée :
» J'ai consulté ses chefs, l'état, la renommée,

(*à Christine.*)

» Et j'ai nommé Veimar. » Etaient-ce vos desseins ?

CHRISTINE, *rassemblant toutes ses forces.*

Non.

OXENSTIERN, *lui montrant le bas de l'écrit.*

Ce sceau...

CHRISTINE, *vivement.*

Chancelier, il réside en vos mains.

Comment donc ?

MONALDESCHI, *dans la dernière surprise.*

Je ne sais.

OXENSTIERN.

C'est Mazarin peut-être ?

VEIMAR.

Le coupable est loyal, Mazarin est un traître :
Nuls rapports...

CHRISTINE.

Quels conseils ?

VEIMAR.

L'orgueil qui le poursuit !

CHRISTINE.

Son guide !

VEIMAR.

Il n'en est qu'un où ce chef se produit !

CHRISTINE.

Que me reproche-t-il ?

VEIMAR, *avec emportement.*

Charle obtient la couronne!

OXENSTIERN.

Ses agens ?

VEIMAR, *fièrement et avec vivacité.*

N'oseraient approcher sa personne;

Ils lui feraient horreur! Les grands ambitieux
Méprisent les détails, leurs agens odieux ;
Vers un vaste avenir leur âme est élancée,
Le présent et l'effroi sont loin de leur pensée ;
Ils savent échouer et mourir dignement!
(*Prêt à sortir.*) (*Avec ironie.*)
Les conseils sauront tout... Adieu. Mon seul tourment,
Reine! est d'avoir troublé vos grands desseins sur Charle.

MONALDESCHI, *dans la dernière surprise.*

(Quoi! Veimar!)

CHRISTINE, *douloureusement. A part.*

(Malgré lui dans ce cœur tout me parle.)

OXENSTIERN, *aux chevaliers suédois, montrant Veimar et Monaldeschi.*

Gardez ces prisonniers et ne les quittez pas.

(*Veimar et Monaldeschi sortent séparément suivis des gardes.*)

SCENE IX.

CHRISTINE, OXENSTIERN.

CHRISTINE.

Pardonnez, Oxenstiern! de pénibles combats :
L'aspect des conjurés et leur ingratitude
Font sentir à mon âme une atteinte trop rude.
Je vous quitte. Veimar est un prince exalté,
Jouet de Mazarin, de la témérité.
Monaldeschi, plutôt, doit causer nos alarmes ;
Dans ce palais, la nuit, pourquoi paraître en armes ?
Il tient les sceaux! pourquoi donc un faux aujourd'hui ?
Tout dit que les soupçons doivent tomber sur lui!

OXENSTIERN.

Le grand-juge doit seul pénétrer cette trame!

CHRISTINE, *alarmée.*

Veimar fut souverain!

OXENSTIERN.

Il est sujet, Madame !
Suédois, puisqu'il vous sert. Montrez à ces héros,
Tour-à-tour de leurs rois courtisans ou fléaux,
Que l'or ne couvre point les taches d'un rebelle ;
Que le premier guerrier est le guerrier fidelle !

CHRISTINE, *dans les dernières allarmes.*
(Veillons sur lui.) (*Elle sort.*)

SCENE X.

OXENSTIERN, *vivement, montrant Christine.*

Frappons ses sens mal assurés.
Non, ce n'est pas l'effroi, l'aspect des conjurés
Qui troublent sa grande âme, et Veimar seul l'allarme ;
Grand Dieu ! par la pitié, fais qu'elle se désarme
Et rends-nous notre Reine. En son cœur exalté,
Chaque instant fait briller la noble fermeté,
Don si cher aux Suédois... Demain, hors de la France,
Sur Veimar, de nos lois appelons la vengeance.
Christine épouvantée en ce fatal moment
Reprendra le pouvoir pour sauver son amant.
Ciel ! daigne pardonner mon premier artifice,
Puisqu'il sert la clémence, un peuple et la justice !
Heureux le magistrat qui peut, sans nuire aux lois,
Eriger en vertus, les passions des rois !

(*Il sort.*)

Fin du second Acte.

ACTE III.

SCENE PREMIERE

CHRISTINE.

Jour de deuil et d'effroi! C'est le mortel que j'aime,
A qui ma liberté s'enchaîne d'elle-même,
Qui voulait m'en priver! J'ai fini ses malheurs,
Il me donnait pour prix et des fers et des pleurs!
Voilà donc les héros, ce trône qu'on estime!
Par dédain je le fuis, on y court par le crime!
Mais mon plus grand supplice est de devoir le jour
Au mortel que je hais pour prix de son amour.
Oh! si Veimar jamais connaît cette faiblesse!
Que dis-je? sa froideur! Oui, ce soupçon le blesse,
Il l'humilie! ô ciel! pour fuir ce coup fatal,
S'il suffit du trépas de son obscur rival!

(*Frémissant.*)

D'un esprit criminel progrès épouvantable!
Je perdrais l'innocent, pour sauver le coupable!
Voilà Monaldeschi! S'il lisait dans mon cœur,
Ainsi que moi, sans doute, il frémirait d'horreur.

SCENE II.

CHRISTINE, MONALDESCHI, *deux gardes le suivent et se retirent.*

MONALDESCHI, *avec douceur et une joie concentrée.*

Reine! vous l'ordonnez, je puis vous voir encore;
Quel moment!... A vos pieds souffrez que je déplore
L'instant où des ingrats nommant un souverain...

CHRISTINE.

Il suffit... Repondez... Je crois que Mazarin
Choqué de mes dédains, de mon indépendance,
A pu forcer mon choix, user de violence;

Mais comment de Veimar, si franc, si glorieux,
Aurait-on à ce point pû fasciner les yeux ?
     MONALDESCHI.
Quand il s'agit de lui je dois souffrir, me taire.
     CHRISTINE.
J'ai cessé de régner afin qu'on fût sincère!
Parlez.   (*Elle fait signe aux deux gardes de sortir.*)
     MONALDESCHI.
  Tristan, Madame, a payé ses forfaits.
Son trépas a puni l'oubli de vos bienfaits.
Mais se peut-il, grands dieux ! qu'un soupçon sur moi-même ?
(*Avec sensibilité.*)
L'avez-vous pû penser ?
    CHRISTINE, *avec fierté et dédain.*
    Quelle assurance extrême !
Quand Tristan vous accuse à son dernier moment,
Quand le sceau du complot, de ce faux évident
Vous était confié ; vous parlez d'innocence ?
    MONALDESCHI, *avec passion.*
Ah ! vous n'en doutez point.
     CHRISTINE.
    Etrange confiance !
Vous osez ?...
     MONALDESCHI.
   Pardonnez ! vous ne m'entendez plus !
Lorsque je me consume, en efforts superflus,
Quand je me meurs... souffrez...
   CHRISTINE, *reculant et le regardant avec menace.*
     Malheur au téméraire
Qui me rappellerait une erreur passagère !
Au tems des passions un mortel dangereux
Par ses talens, ses soins avait surpris mes feux.
Abusé comme moi, je veux ainsi le croire,
Il me fit dédaigner la couronne et la gloire,
A son bonheur présent immoler l'avenir ;
Mais s'il s'en souvenait je saurais l'en punir !
     MONALDESCHI
Ce malheureux, Madame ! est encore le même.
Au péril de ses jours il sut aimer, il aime.

Dieu sait si le pouvoir, la suprême grandeur
Enflâmèrent ses vœux, il n'adorait qu'un cœur ;
Mais ce cœur rare, hélas ! fut celui d'une reine !
Alors les dons d'amour sont des sources de haine !
(*Avec la plus vive douleur.*)
Pourquoi ? L'infortuné qui demande à mourir
Quand il n'est plus aimé, doit au moins attendrir !
Ah ! n'est-ce pas assez de voir, dans sa misère,
Des yeux jadis si doux s'enflammer de colère,
Une bouche adorée exhaler le mépris,
Et ce cœur repousser un cœur toujours épris ?
Souvenirs ! désespoir ! Christine ! je m'égare...

CHRISTINE, *épouvantée et à demi-voix.*

Silence ! ou dans les fers.

MONALDESCHI.

Ah ! soyez plus barbare !
La mort ! la mort ! hélas ! ou ce fer à vos yeux
Va finir mes tourmens.
(*Il saisit l'une des épées des trophées d'armes du salon.*)

CHRISTINE, *l'arrêtant.*

Silence ! malheureux !
Veux-tu par ton trépas me perdre !...

MONALDESCHI.

La victime
Ne peut même gémir, et sa mort est un crime !

CHRISTINE, *lui fermant la bouche.*

Silence !

MONALDESCHI, *désespéré.*

D'un rival je cours braver les coups.
J'aurais pu l'immoler étant aimé de vous ;
Mais dédaigné, mon sang jaillira de lui-même...

CHRISTINE.

Arrête, tu me perds ; crains ma fureur extrême :
Tes pas sont retenus. (*Elle montre les gardes en dehors.*)

MONALDESCHI.

Eh bien ! puisque mon bras
Ne peut, sans vous trahir, me donner le trépas ;
Puisqu'en mon sein, Veimar ne peut plonger son glaive,
(*Avec désespoir.*)
Par un moyen plus sûr que mon destin s'achève.

Le sceau de vos états à mes soins fut ravi ;
A Tristan, au complot on sait qu'il a servi ;
Bien qu'on me l'ait surpris, qu'une troupe indocile
De la chancelerie ait violé l'asyle,
Qu'on frappe un criminel ; j'ai trahi mon devoir :
Je sers ainsi Veimar, vous et mon désespoir.

   CHRISTINE, *dissimulant toujours.*

Quoi ! Veimar ?

   MONALDESCHI, *avec le délire de la passion.*

    Oui, Veimar ! dont l'hymen m'assassine !
Veimar épris du trône et non pas de Christine,
Veimar ivre d'orgueil quand je le suis d'amour...
Voilà pour quel ingrat il faut perdre le jour !
N'importe, je m'immole à l'amour, au silence ;
 (*Avec la plus vive passion et embrassant les genoux
   de Christine.*)
Mais que Christine au moins sourie à l'innocence !

   CHRISTINE.

(*Troublée, à part.*)
(Quelle ame ! et je le hais !) Veimar vient en ces lieux.
   (*Montrant Monaldeschi.*)
Ses soupçons... son projet, j'y souscrirais, grands dieux !
Fuyons...   (*Elle s'enfuit.*)

SCENE III.

MONALDESCHI, *seul et avec un désespoir profond,
restant à genoux, immobile.*

   Ciel ! à quel point la passion l'égare !
Christine fut sensible, elle devient barbare !
L'amitié, les beaux-arts seuls firent son bonheur :
Tout le feu de son ame est devenu fureur.
Ainsi le cœur flétri s'élance dans l'——:
L'esprit sans la vertu n'est qu'un —— du crime !
   (*A—— résolution.*)
Elle y marche à grands pas... Allons ! sachons souffrir !
Ou plutôt, sans espoir, je n'ai plus qu'à mourir.

SCENE IV.

MONALDESCHI, VEIMAR, *entrant à droite;*
deux cavaliers paraissent à la porte et rentrent.

VEIMAR.

Chez la Reine, en sa cour, pourquoi ce trouble extrême ?
On dirait que Veimar va les juger lui-même !
On pense à mon arrêt et daignais-je y penser ?
Je ne vois que le trône où j'ai dû me placer.
Calmez, Monaldeschi ! cette terreur profonde.
Me voyez-vous troublé ? suis-je le seul au monde
Dont l'aveugle fortune ait condamné l'orgueil,
Dont le trône écroulé se change en un cercueil ?
Mazarin égara mes agens en délire ;
L'ambitieux se perd, le traître seul conspire :
(Avec enthousiasme montrant Monaldeschi.)
J'ai sauvé l'innocent ; j'en sens plus de plaisir
Que si dans mon projet j'eusse pu réussir.

MONALDESCHI, *avec un désespoir concentré.*

Soupçonné comme vous ; mais moins heureux, sans doute,
Me voir absous, seigneur : c'est ce que je redoute.

VEIMAR.

Pourquoi ce désespoir ? cœur noble et vertueux !
L'innocence a le droit de contempler les cieux.
Laissez pâlir la honte ; elle arme l'injustice,
Et pour sauver son corps son cœur marche au supplice :
Calmez-vous. Votre fer a puni des ingrats :
Votre égide est ici, la justice et mon bras !
(Avec énergie et montrant le Comte.)
Princes ! entourez-vous des écuyers fidelles
Qui dans le champ d'honneur ont vengé vos querelles :
Oui, quand le courtisan, caméléon doré,
S'enfuit, ou cache un fer, du péril ignoré ;
Le guerrier toujours prêt, que nul complot n'arrête,
Dans un jour de combat ne voit qu'un jour de fête !
Comte ! tu m'as perdu ; Mais si j'eusse été roi
Je n'eus jamais voulu d'égal, d'ami que toi ;
Embrasse ta victime...

MONALDESCHI, *à part*
(Ah ! sait-il que la sienne
Est si près !)

VEIMAR.
　　　　　Place encor cette main dans la mienne.
Ce soir tu seras libre, et je vais me nommer.
　　　　MONALDESCHI, *avec un désespoir étouffé.*
Qu'on lit mal dans un cœur qui sait se renfermer !
Le mépris de la mort est-il la seule gloire ?
Il est d'autres efforts, de plus grande victoire !
Perdre tout son bonheur sans oser en gémir,
Être un objet de haine à qui sut nous chérir,
(Regardant Veimar.)
Tendre une main amie à qui nous désespère,
Même en cherchant la mort craindre encor de déplaire...
Est-il dans les combats, dans toute inimitié,
D'effort plus déchirant, plus digne de pitié !
(On entre. Christine paraît.)
(Je la vois !... rappelons ma fermeté première.)
　　　　　　　　VEIMAR.
(Appercevant la Reine.) 　　　　　*(à part.)*
Christine ! (Qu'a-t-il dit ? nouveau trait de lumière !

SCÈNE V.

Les Mêmes ; OXENSTIERN, Quelques Officiers de Christine, en petit nombre, CHRISTINE. *La scène est faiblement éclairée. On place des gardes ; tout prend un aspect mystérieux.*

　　　　OXENSTIERN, *avec une tristesse profonde.*
　　　　　　(Se montrant.)
Reine, vous m'y forcez : le grand juge, à huis clos,
Va chercher le coupable ; en ces lieux, à propos,
Des gardes sont placés, et la nuit qui s'avance
Va voiler un arrêt qui peut blesser la France.
　　　　CHRISTINE, *avec emportement*
Je suis Christine encor ! premier juge en ma cour,
Je dois, pour des ingrats, être reine un seul jour :
　　(Pendant qu'on se place elle s'avance à part.)
　　　(à part.)
Obéissez... (Je veux, d'un voile de justice,
Qu'en couvrant mon dessein, ma haine s'assouvisse ;

Sous le code des lois leur cachant mon poignard,
Sauver et mon amour et ma gloire et Veimar.)

OXENSTIERN, *à la Reine et s'inclinant.*

Vous l'ordonnez; au Prince en votre nom je parle :
(*A Veimar.*)
A ce grand attentat qui pût vous porter ?

VEIMAR, *vivement.*
        Charle !
(*Avec indignation.*)
Charle, guerrier vulgaire, à la pourpre nommé.
« O ciel ! me suis-je dit, voir mon bras désarmé !
» Et loin que la valeur par moi s'élève au trône,
» Voir sur un front obscur descendre la couronne !
» Jamais !.. un nouveau trait causa mon désespoir.
La reine par sagesse abdique le pouvoir ;
Donc elle veut donner à son peuple qu'elle aime
Un mortel qu'elle estime au-delà d'elle-même.
(*Avec une ironie amère.*)
Ce grand mortel est Charle ; on ne le pensait pas.
L'univers l'apprendra du moins par mon trépas.

CHRISTINE.
(*A part.*) (*Haut*)
(Le cruel !). Le courage est-il tout pour notre ame ?
(*Regardant Veimar avec tendresse.*)
Et qu'un héros lit mal dans le cœur d'une femme !

VEIMAR, *avec fougue.*
Veimar n'en connait qu'une ! apprenez son secret :
Son amante est la gloire, elle seule lui plait.
Tout autre objet s'abuse, et quand Veimar soupire,
Il aspire le trône, il adore l'empire.
Qu'on ne m'accuse point de feinte, de détour.
Savant dans la victoire, ignorant en amour,
En peignant mes transports, je parle au diadême.
J'ai pu tromper un cœur en me trompant moi-même ;
Mais avouant l'erreur, je poursuis le dessein,
Oui, qu'on me donne un trône ou me perce le sein.
Eh quoi ! la Reine abdique, avouant sa faiblesse,
Charle, plus faible encor, succède par adresse ?
Aux peuples, dans ce siècle, il faut un souverain,
Qui porte un bras de fer, des entrailles d'airain,

Bouillant, toujours vainqueur... Ces droits, je m'en honore,
Au pied de l'échafaud je vous les offre encore ;
Sinon j'ai conspiré pour la gloire et l'état,
Criminel en héros, je meurs en vrai soldat.

OXENSTIERN, *au Prince.*

Le crime est avoué, quoique chacun partage
De trop justes regrets, admire ce courage...

CHRISTINE, *l'interrompant avec intention et brusquerie.*

Non, ce cœur généreux ne sait pas conspirer.
Sachons quels conjurés osèrent l'égarer.

VEIMAR.

Des conjurés ! qui ? moi ? mon esprit en délire
Entendit prononcer les noms d'état, d'empire.
Dans un songe brillant, des spectres, cette nuit,
Couronnaient mes exploits ; la foudre a tout détruit !
Eh bien ! réveillons-nous ainsi que les grands Hommes,
Laissons les noms s'enfuir avec de vains fantômes ;
Tout a fui ; le péril pour moi seul doit rester :
Nul n'oserait prétendre à me le disputer.

OXENSTIERN, *à qui Christine parle bas.*

Mais comment cet écrit et le sceau de la reine ?
Quand Monaldeschi seul...

MONALDESCHI.

Prononcez sur la peine.
Seul je réponds du sceau qui sert aux conjurés :
Les aveux de Tristan...

VEIMAR, *avec feu, montrant Monaldeschi.*

Eh quoi ! vous y croirez ?
Non, juge. De la Reine ami, sujet fidelle,
Plutôt que la trahir, il eût péri pour elle ;
Du Comte suspectez l'aveu, le désespoir.

(*Regardant Christine.*)

J'en ignorais la cause, et commence à la voir.

CHRISTINE.

(*A part avec la plus grande terreur, montrant Veimar.*)

Il soupçonne...

MONALDESCHI, *à Oxenstiern*

Frappez, le devoir vous l'impose :
Punissez le forfait sans en chercher la cause.

CHRISTINE, *à part, montrant Monaldeschi avec terreur.*
(*haut.*)

(Un mot, je perds Veimar.) Pour prononcer sur eux,
De ces lieux un moment éloignez-les tous deux.
(*Bas à un Officier.*)
Dans cette galerie entrez, premier constable,
Celui que j'enverrai, frappez, c'est le coupable.
(*Elle parle bas au Constable, qui entre dans la galerie, suivi de gardes portant de longues épées suédoises. D'autres gardes armés se placent aussi à la porte de la Chancellerie.*)

OXENSTIERN, *à Veimar.*
Prince, exécutez l'ordre. Attendez vos destins.

VEIMAR.
Quels qu'ils soient, reine, adieu. J'y souscris et vous plains.
Vous abdiquez le trône, et j'abdique la vie:
Avant moi dans l'oubli c'est être ensevelie:
N'épargnez point Veimar et ne frappez que moi ;
Car j'ai cessé de vivre en cessant d'être roi.
(*Montrant Monaldeschi avec noblesse.*)
Mais dussé-je exister, jamais l'hymen, mon âme,
D'un ami malheureux ne trahiraient la flamme.

CHRISTINE. *à part avec fureur.*
(Si le Comte survit, Veimar renoncerait...
(*Avec rage.*)   (*Haut à tous deux.*)
Lui seul le frappe. Allez attendre votre arrêt.
(*Avec un cri, à Veimar, qui entrait dans la galerie.*)
Arrêtez ! c'est ici, dans la Chancellerie,
Qu'un prince doit attendre... et dans la galerie,
(*Elle la lui indique avec noirceur et douceur.*)
Monaldeschi, passez.

VEIMAR, *bas à Monaldeschi, avec la plus grande énergie.*
Adieu, vrai preux des preux !
De la discrétion modèle généreux !
Un mot peut te sauver, prouver ton innocence !
Ah ! mon plus grand exploit ne vaut pas ton silence !
(*Le Prince embrasse le Comte, qui le serre sur son cœur, et qui entre dans la galerie avec un pressentiment d'horreur marqué.*)

SCENE VI.

CHRISTINE, OXENSTIERN, Gardes.

CHRISTINE, *à part, égarée, et montrant Veimar.*
(*Haut.*)
(Je le perds, si l'on tarde.) Epargnons l'insensé.
Veimar est innocent, par Mazarin poussé :
Et fût-il compromis, guerrier à mon service,
Son rang et ses hauts-faits le mettent hors de lice.
Quand la gloire défend, la politique aboute,
Et Monaldeschi seul répond ici de tout.
Voilà le vrai coupable, et son aveu sincère...

OXENSTIERN, *étonné.*
Sa défense ?

CHRISTINE, *hors d'elle.*
Elle est vaine.

OXENSTIERN.
Elle cache un mystère.

CHRISTINE, *toujours plus égarée.*
Nouveau crime !

OXENSTIERN, *montrant Christine avec respect.*
Ce cœur par lui...

CHRISTINE, *frémissant et avec fureur.*
Fut occupé ?
(*Avec menace.*)
On verra !

OXENSTIERN, *l'implorant.*
L'équité...

CHRISTINE, *dans la dernière fureur.*
Vos soupçons l'ont frappé !
Il est tems de punir un serviteur perfide,
Artisan de complots, et que son orgueil guide,
Au point de supposer des titres sur mon cœur.
Son arrêt est porté par mon rang, mon honneur.

OXENSTIERN, *vivement à la Reine.*
La haine, juge inique, en ce jour vous abuse.
Quoique Tristan le charge et que le sceau l'accuse,

Le Comte est innocent; Veimar l'atteste au moins ;
Attendez qu'une preuve ou de nouveaux témoins...
(*On entend des cris dans le fond de la galerie des cerfs.*)
Ciel ! qu'entends-je ! ces cris ! sans juge on le condamne !
(*Avec horreur.*)
Et d'un assassinat vous me rendez l'organe?
(*Il entr'ouvre la porte de la galerie, où l'on entend des cliquetis d'armes.*)
Courons. Lutte effroyable ! et de ses assassins
Un glaive qu'il arrache est terrible en ses mains !
Il invoque la mort, atteste l'innocence,
Et vous appelle...

CHRISTINE.

Non !... dieux !... sa voix !... je balance...

SCÈNE VII.

Les Mêmes, MONALDESCHI, VEIMAR.

(*Veimar forçant les gardes qui le retiennent, et leur arrachant une épée, s'élance. La porte de la galerie s'ouvre en entier; on voit Monaldeschi percé de coups et sanglant.*)

VEIMAR, *aux gardes.*

On me retient en vain, je suis son défenseur.
Par vos ordres frappé ! madame, ah ! quelle horreur !

MONALDESCHI.

(*Se traînant ensanglanté à la porte de la galerie.*)
Je meurs... le voile tombe... et l'honneur seul m'inspire...
Aurais-je pu trahir celle pour qui j'expire.

CHRISTINE.

(*A part*) (*Montrant Veimar.*) (*Montrant Monaldesch.*)
Quels combats !... L'un me hait... l'autre pour moi périt !

VEIMAR.

Arrêtez, l'honneur parle, et le crime pâlit.

MONALDESCHI, *aux pieds de la Reine.*

Dans mes derniers aveux, daignez m'ouïr, Madame.

CHRISTINE, *vivement à tous.*

Retirez-vous.

(*Tous se retirent entièrement au fond de la scène.*)

MONALDESCHI, *à la Reine seule, d'une voix mourante.*
Je meurs de l'excès de ma flâme.
J'ai prévu votre arrêt, et je pouvais le fuir;
Mais vous déplaire, hélas! c'est bien plus que mourir!
Reprenez vos écrits, vos sermens que j'adore.

(*Il tire des papiers sanglans de dessus son sein percé de
coups d'épée.*

Ils étaient sur mon cœur qui, pour vous, bat encore:
Contre mes assassins en défendant ce cœur,

(*Montrant les lettres.*)

Je n'ai point défendu mes jours; mais votre honneur.
J'apporte ce dépôt à vos pieds que j'embrasse...

(*Avec la plus vive sensibilité en montrant son cœur.*)

Pardon! mais les cruels frappant à cette place,
Devaient vous y trouver! Mon bras désespéré
Sût vous sauver encor. Votre honneur assuré,
Je meurs moins malheureux; l'univers vous estime.

(*Il tombe à ses pieds.*)

CHRISTINE, *avec un désespoir étouffé.*
(*A Monaldeschi.*)
Et moi je me méprise! homme tendre et sublime!
Quel bandeau ton amour m'arrache en expirant!
Veimar m'abhorre! et toi tu meurs en m'adorant!

(*Avec un cri d'horreur, tenant ses lettres sanglantes.*)

Dieu! mes lettres... ton sang!... contraste épouvantable!
Mes sens...

(*Elle tombe dans les bras de ses femmes.*)

VEIMAR.
Reine cruelle! amante inconcevable!
Si tu frappes l'honneur, l'innocent, la vertu,
A tes sujets, à moi, quel sort réservais-tu?
Va, cesse d'abdiquer quand le ciel te dépose.
Honte à l'hypocrisie! Abandonnant ta cause,
Confus d'avoir servi tes projets, tes états,
Je vais chercher par tout un trône ou le trépas.

(*Il sort.*)

OXENSTIERN.
(*Aux femmes, montrant Christine évanouie.*)

Vous, veillez sur ses jours... Le Sénat se retire
Heureux de ses refus dans l'horreur qu'elle inspire;
Et puissent les Suédois et la postérité,
Perdre le souvenir de tant de cruauté!

FIN.